Olfaktorisch
Alles, was du mit deiner
Nase riechst.

Gustatorisch
Alles, was du mit Gaumen und
Zunge schmeckst.

Kinästhetisch
Alles, was du mit Bewegungen
des Körpers spürst.

Rolf Barth   Thorsten Droessler

Herr Wolke
und der Bewegungskaiser

Traumsalon
edition

Heute ist ein besonderer Tag: Himmelsburg feiert Geburtstag. Tausendachtundzwölfzig Jahre wird es alt – Wolkenjahre, versteht sich.
Die gehen so schnell vorüber, wie der Wind wehte. Zur Feier dieses Tages hat sich Herr Wolke eine besondere Überraschung ausgedacht …

Uih, der Bewegungskaiser kommt angesaust.
Direkt aus Österreich. Die Nils-Nilpferd-Wolke hat ihn
von dort abgeholt.
„Willkommen in Himmelsburg", begrüßt Herr Wolke
seinen Freund. „Du hast aber viele Sachen im Gepäck!"
„Meinen Lieblingsparcours", verrät der Bewegungskaiser,
„extra für den Geburtstag von Himmelsburg."

Alle packen mit an, und in wenigen Minuten ist der Bewegungsparcours aufgebaut.
Der Bewegungskaiser gibt das Startkommando:
„Auf die Plätze, fertig, los!"
Sofort rennen alle Himmelsburger die Treppen hinauf. Steil nach oben, bis zum Briefkasten.
„Ganz schön anstrengend", schnauft Nils Nilpferd.
Schnell den Brief einwerfen, damit auch außerhalb von Himmelsburg alle von dem Parcours erfahren.
Geschafft! Zum Glück geht es dann auf der anderen Seite per Rollenbahn wieder abwärts. Uih!

Nacheinander landen alle sanft auf einem wolkenweichen Luftkissen.
„Achtung!", ruft Opa Wolke. Er kommt direkt auf die Maus zugeflogen. Sie kann gerade noch rechtzeitig weghüpfen. Herr Wolke wackelt auf dem Luftkissen wie ein Pudding hin und her.
„Gar nicht so einfach, hier die Balance zu halten", ruft er. Aber schließlich schafft er es.

**Der Bewegungskaiser staunt, wie geschickt sich alle Himmelsburger durch das verwirrende Paravent-Labyrinth schlängeln. Herr Wolke ist so schlau und hat einen Kompass dabei.
Ob er damit schneller aus dem Labyrinth herausfindet?**

Hier können die Himmelsburger ihre Geschicklichkeit beweisen: genau zielen und so kräftig auf die Zielscheibe werfen, dass der Ball wieder zurückfliegt. Alle sind überrascht. Ausgerechnet der vollschlanke Nils Nilpferd fängt die höchsten Bälle.

„Zu alt!? Quatsch!", lachen Oma und Opa Wolke und tanzen wie zwei frisch Verliebte durch alle Reifen. Raja Rattenstedt schlägt ein Rad. Da würde selbst ein Pfau neidisch werden. Aber was macht das Schwein da? Es hat Sprungfedern unter den Füßen. Das ist doch geschummelt!

„Uih!" Bei dieser Balanceübung dürfen alle Himmelsburger von Baumstumpf zu Baumstumpf hüpfen. Herr Wolke springt dabei so heftig, dass er sich in den Ästen eines Baumes verheddert. Seine Freunde ziehen und drücken, um ihn zu befreien. „Keine Sorge", ruft die Maus, „wenn du herunterfällst, fange ich dich auf!" – „Danke, Maus, das beruhigt mich", erwidert Herr Wolke.

Durch diesen Tunnel kann man nur auf allen Vieren kriechen. „Ob ich da mit meinem Speckbauch durchkomme?", überlegt das Schwein. Schließlich traut es sich, denn überall duftet es lecker nach Pfefferminze. Adele, das Schaf, ist eingeschlafen. Das passiert ihr immer, wenn sie kriecht und riecht. Jetzt träumt sie davon, als Schäfchenwolke am Himmel zu schweben.

Fliegenpilzslalom heißt diese Aufgabe. Eine von Herrn Wolkes Stärken. Wie ein geölter Blitz rast er durch die mannshohen Fliegenpilze. Seine Freunde staunen. „Herr Wolke ist bestimmt so schnell, weil er einen Pilz auf seinem Schuh hat!" Da sind sich Esel, Adele, Igel und die Maus ganz sicher.

Hier gilt es, den Ball genau durch eines der Löcher zu werfen. Zweimal schon hat Herr Wolke danebengeworfen. Einen Versuch hat er noch. Er wirft ... Der Ball fliegt genau auf ein Loch zu. Aber was macht der Igel da? Im letzten Moment kann er vor Herrn Wolkes Ball abtauchen. Der Parcours ist nun fast zu Ende. Das Ziel in Sicht. Aber wer erreicht es als Erster?

Herr Wolke liegt vorn. Schweiß tropft wie Regen von seiner Stirn. Er kommt am Eisbaum vorbei: „Erdbeereis", haucht er mit trockenem Mund. Er pflückt sich ein Erdbeereis, leckt genüsslich daran und vergisst völlig den Parcours. Gut, dass seine Freunde dicht hinter ihm sind und ihn mit sich ziehen: „Nicht schlappmachen!", ruft die Maus, „wir sind gleich im Ziel!"

Uih, auf den letzten Metern bläst ihnen heftiger Wind entgegen. Trotzdem erreichen sie das Ziel. Alle sind Sieger! „Das hat riesigen Spaß gemacht!", miaut die Katze.
Die anderen bellen, fiepen, schmatzen, grunzen und iahen ihr lauthals zu. „Zur Feier des Tages habe ich ein Gericht aus meiner Heimat Österreich mitgebracht", verkündet der Bewegungskaiser. Erwartungsvoll schauen ihn alle an.

„Kaiserschmarrn mit Zwetschgenröster". Der schmeckt so gut. Alle bestellen eine klitzekleine Portion nach. Die Maus sogar eine dritte – aber eben eine Mausportion.
„Ich mache einen kleinen Verdauungsschlaf. Danach laufe ich noch mal durch den Parcours", verkündet das Schwein: „Wer macht mit?" Begeistert gehen alle Hände, Flügel, Pfoten und Stachel in die Höhe.
„He!", ruft der Bewegungskaiser von hinten.
„Beim nächsten Geburtstag von Himmelsburg komme ich wieder. Vielleicht denkt ihr euch bis dahin einen eigenen Parcours aus!" Dazu haben alle Himmelsburger große Lust.

Sven-Daniel Pawlitschko verkörpert Herrn Wolke und ist damit die einzige reale Kinderbuchfigur! Er arbeitet als Clown und Entertainer u.a. beim Cirque du Soleil, Palazzo Varieté, Schuhbecks teatro und im Legoland. Außerdem gilt er als Pionier der „Clowns im Krankenhaus". Seine pädagogisch wertvollen Shows präsentiert er überall dort, wo es Kinder und interessierte Eltern, LehrerInnen und ErzieherInnen gibt.
www.zauberclown-daniel.de

Rolf Barth ist Kinderbuch- und Drehbuchautor. Mit seinem animativen „Lesetheater Wolkenzauber" ist er im gesamten deutschsprachigen Raum unterwegs.
www.rolf-barth.de

John Herzog ist Dipl. Sportlehrer und Lehrbeauftragter an der Universität Wien (Sportwissenschaft), Journalist, Buchautor. Konzeption und Organisation von ganzheitlichen Bewegungs-Projekten (Gesundheitsförderung und Prävention) für Kinder und Generation 50plus.

**Thorsten Droessler** ist Illustrator und lebt mit seiner Familie in Leipzig.

In der Reihe „Herr Wolke" sind bisher erschienen:

Herr Wolke und der 1.FC Toby
Zahnprophylaxe einmal anders
ISBN: 978-3-938625-255

Dorles Oma
Eine Geschichte über Abschied
ISBN: 978-3-938625-55-2

Spring über deinen Schatten, Jonas!
Über Bewegung und Ernährung
ISBN: 978-3-938625-422

Am Wochenende ist Marie bei Papa
Eine Geschichte über Trennung
ISBN: 978-3-938625-56-9

Herr Wolke und seine Freunde
Eine Geschichte über Freundschaft
ISBN: 978-3-938625-96-5

Herr Wolkes Zauberschule
Zaubertricks für coole Kids
ISBN 978-3-944831-29-9

Herr Wolke und das magische Traum-Zauber-Salz
Eine Abenteuergeschichte
ISBN: 978-3-944831-28-2

www.traum-salon.de
www.herr-wolke.de

MOTORIK
Alles, was deine Muskeln zu sichtbaren Bewegungen veranlasst.

Ausdauer
Wie lange es dauert, bis du beim Bewegen müde wirst – z.B. Fahrrad fahren, Fußball spielen oder Joggen.

Kraft
Alles, was deine Muskeln schaffen – z.B. mit Geschwistern (Freunden) toben oder eine volle Einkaufstüte nach Hause tragen.